Nicole Laudut

CHAPEAU ! A2

Grammatiktrainer

Hueber Verlag

3. 2. 1.   Die letzten Ziffern
2028 27 26 25 24   bezeichnen Zahl und Jahr des Druckes.
Alle Drucke dieser Auflage können, da unverändert,
nebeneinander benutzt werden.
1. Auflage
© 2024 Hueber Verlag GmbH & Co. KG, München, Deutschland
Umschlaggestaltung: Sieveking · Agentur für Kommunikation, München
Illustrationen: Isabel Heß, Geretsried
Layout und Satz: Sieveking · Agentur für Kommunikation, München
Verlagsredaktion: Jürgen Frank, Hueber Verlag, München
Druck und Bindung: Friedrich Pustet GmbH & Co. KG, Regensburg
Printed in Germany
ISBN 978–3–19–133434–5

Art. 530_24516_001_01

Vorwort

Liebe Lernerin, lieber Lerner,

egal, ob Sie bereits ein richtiger Grammatik-Profi sind oder noch etwas
Übungsbedarf haben, in diesem praktischen *Grammatiktrainer* finden Sie
viele abwechslungsreiche Übungen, um Ihre grammatikalische „Kondition"
weiter zu verbessern.

Der *Grammatiktrainer A2* folgt genau der Progression des Lehrwerks
Chapeau ! A2, die Übungen eignen sich also für das Selbststudium zu Hause
und als ergänzendes Unterrichtsmaterial im Kurs.

Zu jedem Grammatikthema der einzelnen Lektionen finden Sie hier noch
einmal die wichtigsten Regeln mit Beispielen und deutscher Übersetzung.

In den folgenden Übungen können Sie diese Kenntnisse dann gleich anwen-
den. Der Wortschatz der Beispiele und Übungen ist dem Lektionswortschatz
von *Chapeau ! A2* entnommen. Sie wissen also immer gleich, worum es geht
und haben die Möglichkeit, Grammatik und Wortschatz gleichzeitig zu
wiederholen.

Damit Sie auch wirklich selbstständig mit dem Grammatiktrainer arbeiten
können, finden Sie im Anhang außerdem die Lösungen zu allen Übungen.

Und nun wünschen wir Ihnen viel Spaß und sagen schon einmal vorab
Chapeau ! zu Ihrem Lernerfolg.

Inhalt

Rebonjour, la France !

1 **Das Pronomen** *y*

Y vertritt Ortsangaben, die durch Ortspräpositionen wie z. B. *à, dans, sur, sous* etc. (außer *de*) eingeführt werden:

- ◆ *Tu es au musée ?* Bist du im Museum?
- ● *Oui, j'y suis.* Ja, ich bin dort.
- ◆ *Il va chez le coiffeur ?* Geht er zum Friseur?
- ● *Oui, il y va.* Ja, er geht hin.

> Die Wendung *il y a* kennen Sie bereits: *Il y a une fontaine.* Es gibt einen Brunnen.

Die Verneinung *ne... pas* rahmt *y* + konjugiertes Verb ein:
Au musée, je n'y vais pas souvent. Ins Museum gehe ich selten (hin).

a Wofür steht *y* in diesen Sätzen? Verbinden Sie die Satzteile.

1 On y achète du bon pain.
2 On y installe souvent un canapé.
3 On y va pour nager.
4 On y trouve les solutions.
5 On y cherche des champignons.
6 On y met souvent des plantes.

a dans la forêt
b sur son balcon
c chez l'artisan boulanger
d dans la salle de séjour
e à la fin de ce livre
f à la piscine

b Antworten Sie mit *y*, einmal mit *oui* und einmal mit *non*.

1 Vous allez au cinéma, ce soir ? *Oui*____, *on*____
*Non*____, _____

2 Tu as travaillé dans le jardin ? ____, _____
____, _____

3 Ils sont allés en France ? ____, _____
____, _____

4 Elle reste à la maison ? ____, _____
____, _____

5 Il habite à Nice ? ____, _____
____, _____

c Ergänzen Sie jeweils die fehlende Übersetzung.

1 Esst ihr in der Cafeteria? Vous mangez à la cafétéria ?
– Ja, wir essen dort. – _____

2 Liegt meine Brille auf dem Tisch? Mes lunettes sont sur la table ?
– Nein, sie liegt nicht dort. – _____

3 Fährt sie oft in die Stadt? Elle va souvent en ville ?
– Nein, sie fährt nicht oft hin. – _____

4 Wie fahren Sie zur Uni? Vous allez comment à la fac ?
– Ich fahre mit dem Bus hin. – _____

5 Bleibt er lange am Strand? Il reste longtemps à la plage ?
– Ja, er bleibt Stunden dort. – _____

6 Bist du oft in deinem Garten? Tu es souvent dans ton jardin ?
– Ja, ich bin oft dort. – _____

2 Pour + Infinitiv

Pour + Infinitiv gibt das Ziel an:
Zorro va à l'école pour dormir.
Zorro geht in die Schule zum Schlafen.

a Ordnen Sie das jeweils beabsichtigte
Ziel den passenden Satzanfängen zu.

1 Jade consulte Wikipédia *pour bien accueillir nos clients.*
Jade consulte Wikipédia *pour trouver des infos.*

2 Je porte des lunettes *pour vivre à la campagne.*
Je porte des lunettes _____

3 Noah a loué un vélo *pour noter mes rendez-vous perso.*
Noah a loué un vélo _____

4 On prépare une belle table *pour faire le tour de l'ile.*
On prépare une belle table _____

5 J'ai un agenda papier *pour trouver des infos.*
J'ai un agenda papier _____

6 Nous avons quitté la ville *pour regarder la télé.*
Nous avons quitté la ville _____

3 Der Komparativ

Der Komparativ wird wie folgt gebildet: *plus*, *aussi* oder *moins* gefolgt von der Vergleichspartikel *que/qu'*.

plus grand **que**
größer als

aussi grand **que**
so groß wie

moins grand **que**
weniger groß als

Je suis moins grand que mes frères.

Der Komparativ von *bon* ist *meilleur*:
Ce vin est meilleur. Dieser Wein ist besser.

a Hier ist alles durcheinandergeraten:
Bilden Sie sinnvolle Sätze.

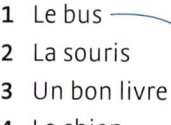

1	Le bus	est plus fidèle	qu'un mauvais livre.
2	La souris	est aussi jolie	que la Loire.
3	Un bon livre	est moins rapide	que ma sœur.
4	Le chien	est plus petite	que le TGV.
5	Ma cousine	est moins longue	que la tortue.
6	La Seine	est aussi cher	que le chat.

b Bilden Sie Vergleiche. Gleichen Sie, wenn nötig, das Adjektiv an.

1 *(+ / Bordeaux / grand)*
La ville de Lyon est _plus_____

2 *(= / chocolat suisse / bon)*
Le chocolat belge est _____

3 *(– / le 16ᵉ arrondissement / chic)*
Le 20ᵉ arrondissement est _____

4 *(+ / le pain du supermarché / bon)*
Le pain de la boulangerie est _____

5 *(– / le pont Neuf / vieux)*
Le pont d'Austerlitz est _____

6 *(= / le français / difficile)*
L'allemand est _____

c *Plus, moins* oder *aussi*? Vergleichen Sie.

		Sacha	Tonio	Armand
1	*(âgé)*	18 ans	42 ans	34 ans
2	*(grand)*	1m78	1m85	1m78
3	*(riche)*	150 000 €	150 000 €	20 000 €
4	*(lourd)*	95 kg	92 kg	80 kg
5	*(intelligent)*	QI 130	QI 130	QI 121
6	*(sportif)*	jeux vidéo	yoga	vélo et foot

1 Armand / Sacha → *Armand est plus âgé que Sacha.*

2 Tonio / Armand → Tonio est _____

3 Sacha / Tonio → Sacha est _____

4 Armand / Tonio → Armand est _____

5 Tonio / Sacha → Tonio est _____

6 Sacha / Armand → Sacha est _____

d Finden Sie die Gruppe „Vergleichsadverb + Adjektiv" und ergänzen Sie dann die Vergleiche.

ARMOINSDIFFICILETO~~PLUSFROID~~RIUPLUSCHICWASL

ORMOINSBELLEVIDAUSSIRONDETOLPLUSAMOUREUXUIEX

UMOINSLONGVOMEILLEURIGAUSSIINTÉRESSANTEP

1 Le Canada est un pays *plus froid* que la France.

2 Le Saint-Émilion, c'est _____ que le vin de table.

3 Berlin est une ville _____ que Paris.

4 Le short est _____ que le pantalon.

5 Un chapeau est souvent _____ qu'une casquette.

6 Le ski de fond, c'est _____ que le ski alpin.

7 Une belle-mère peut être _____ qu'une mère.

8 Le petit ami est _____ que l'ami.

9 La terre est _____ que la lune.

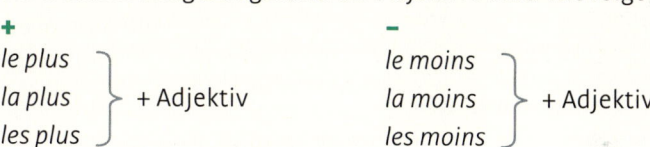

Mes amis, mes voisins et moi

1 Der Superlativ

Die höchste Steigerungsstufe der Adjektive wird wie folgt gebildet:

+

le plus
la plus } + Adjektiv
les plus

–

le moins
la moins } + Adjektiv
les moins

Der Superlativ von *bon* ist
le/la meilleur(e) / les meilleur(e)s.

Anders als im Deutschen wird der Superlativ
mit **le/la/les moins** oft verwendet:
les moins chers → ~~die am wenigsten teuren~~
= die billigsten

Le meilleur ami de l'homme et de la femme, c'est moi !

a Schreiben Sie die richtige Superlativform.
Achten Sie dabei auf die Form der Adjektive.

	Adjektiv	Superlativ (+)	Superlativ (–)
1	originales	*les* _____	_____
2	créatifs	_____	_____
3	intéressant	_____	_____
4	positive	_____	_____

b Übersetzen Sie diese Wendungen.

1 die unwichtigsten Leute *les gens* _____
2 die klügsten Frauen _____
3 das billigste Hotel _____
4 das langsamste Tier _____
5 der traurigste Film _____
6 die schönste Blume _____
7 das beste Getränk _____

Bei Adjektiven, die vor dem Substantiv stehen, kann der Superlativ vor oder hinter dem Substantiv stehen:
un beau musée → *le plus beau* musée / le musée *le plus beau*
une grande ville → *la plus grande* ville / la ville *la plus grande*

c Ergänzen Sie mit der richtigen Form des Superlativs.

1 *(+ haut)* La tour _____ du monde est à Dubaï.

2 *(+ bon)* Obélix est _____ ami d'Astérix.

3 *(– chaud)* La saison _____, c'est l'hiver.

4 *(– long)* Le 21 décembre est le jour _____.

5 *(+ connu)* L'opéra français _____, c'est « Carmen ».

6 *(+ petit)* Le Vatican et Monaco sont _____ pays d'Europe.

7 *(– cher)* Les cigarettes de L'UE _____ se trouvent en 2023 en Bulgarie.

8 *(+ vieux)* Le Pont-Neuf est _____ pont de Paris.

d Bringen Sie Ordnung in diese Sätze.

1 de la classe / élève / Jeanne / la meilleure / s'appelle

_____

2 le plus / est / long fleuve / la Volga / d'Europe

_____

3 la plus parlée / la langue / pas / l'anglais / dans le monde / n'est

_____

4 je vais / beau voyage / c'est quand / dans la forêt / mon plus

_____

5 n'est pas / rapide / du monde / le train / le plus / le TGV

_____

6 est / de France / le fleuve / la Loire / le plus long

_____

2 Die reflexiven Verben

Ein reflexives Verb wird von einem Reflexivpronomen begleitet:

se préparer (sich vorbereiten)		
je	**me**	prépare
tu	**te**	prépares
il/elle/on	**se**	prépare
nous	**nous**	préparons
vous	**vous**	préparez
ils/elles	**se**	préparent

Anders als im Deutschen steht das Reflexivpronomen vor dem Verb.

Die Pronomen *me, te, se* werden vor Vokal zu *m', t'* und *s'*:
s'amuser sich amüsieren
je m'amuse, tu t'amuses, il/elle/on s'amuse, ils/elles s'amusent

Einige Verben, die im Französischen reflexiv sind, sind es im Deutschen nicht, z. B. die Verben *s'appeler* (heißen), *se lever* (aufstehen), *se doucher* (duschen), *se promener* (spazieren gehen).

a Fügen Sie das fehlende Reflexivpronomen ein.

> me   se / s'   vous
>   te   nous

1 Nous _____ promenons souvent dans la forêt.
2 Mon frère _____ douche très souvent.
3 Vous _____ couchez à quelle heure ?
4 Ma sœur _____ affole souvent pour rien.
5 Tu réagis vite, mais tu _____ trompes souvent.
6 Ensemble, elles _____ amusent toujours bien.
7 On _____ sent bien dans la nature, avec les arbres.
8 Je _____ énerve vite et après je _____ excuse.

b Ergänzen Sie mit dem jeweils passenden Verb.

1 *(se lever)* Vous _____ _____ de bonne heure.

2 *(se trouver)* Ce café _____ _____ en face de la gare.

3 *(se préparer)* Marie et Lisa _____ _____ à partir
en Islande.

4 *(se disputer)* Dylan et moi, nous _____ _____ souvent.

5 *(s'appeler)* Tu _____ _____ Paola, c'est un joli prénom.

6 *(s'intéresser)* Je _____ _____ au sport, surtout au tennis.

7 *(se balader)* On _____ _____ souvent dans ce parc.

> Die Verneinung *ne... pas* rahmt Reflexivpronomen + Verb ein:
> *Cela **ne** m'intéresse **pas**.* Es interessiert mich nicht.

c Positiv oder negativ: Ergänzen Sie die Tabellen.

positiver Satz		verneinter Satz
1 Il se repose.	→	*Il ne se...* _____
2 Nous nous marions demain.	→	_____
3 _____	→	Tu ne te couches pas tard.
4 Il s'installe chez moi.	→	_____
5 Je m'ennuie à l'école.	→	_____
6 Ils se douchent à la piscine.	→	_____

d Übersetzen Sie ...

... vom Französischen ins Deutsche.

1 ◆ Tu t'appelles comment ? _____

● Je m'appelle Martin. _____

2 ◆ Vous vous levez quand ? _____

● On se lève à sept heures. _____

... vom Deutschen ins Französische.

3 ◆ Er regt sich schnell auf. _____

● Ja, und wir streiten oft. _____

4 ◆ Fühlst du dich wohl hier? _____

● Nein, ich langweile mich. _____

3 Avoir l'air

Diese Wendung drückt eine Vorstellung oder Annahme aus und wird meistens mit „aussehen" übersetzt:
Manon a l'air sympa. Manon sieht nett aus.

Das Adjektiv wird in der Regel dem Subjekt angepasst.

▲ **Il** *a l'air intelligent.* Er sieht klug aus.
▼ **Elle** *a l'air intelligente.* Sie sieht klug aus.

> *Avoir l'air de + Infinitiv bedeutet „scheinen":*
> *Il a l'air de dormir.*
> Er scheint zu schlafen.

a Schreiben Sie, wie diese Leute aussehen oder wirken. Passen Sie das Adjektiv an.

furieux   fatigué   compétent   rêver   bien s'amuser   content

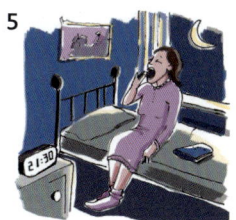

1 Marc et Jeanne _____.
2 Florent n'_____ pas _____ très _____.
3 Juliette _____, mais elle réfléchit.
4 Les trois copines _____.
5 21h30, Marie _____.
6 Ce perroquet _____ très _____.

C'était comment avant ?

1 Die Formen des *imparfait*

Das *imparfait*, eine Zeit der Vergangenheit, wird wie folgt gebildet:
Die Endungen *-ais, -ais, -ait, -ions, -iez, -aient* gelten für alle Verben und
werden an den Stamm der *nous*-Form im Präsens angehängt:

prendre → *nous* **pren**-*ons*			
je	*pren**ais***	*nous*	*pren**ions***
tu	*pren**ais***	*vous*	*pren**iez***
il/elle/on	*pren**ait***	*ils/elles*	*pren**aient***

Der Stamm von ***être*** *→* ***ét-*** *ist die einzige Ausnahme: j'étais (ich war), tu étais…*

a Ergänzen Sie die Tabelle.

	Infinitiv	Präsens mit *nous*		*imparfait*	
1	parler	nous	*parlons*	je	*parlais*
2	acheter	nous		il	
3	boire	nous		nous	
4	dormir	nous		tu	
5	faire	nous		vous	
6	comprendre	nous		on	
7	réagir	nous		elles	

b Schreiben Sie die Verben im *imparfait* in die Tabelle.

1	*(aller)*	tu		ils	
2	*(finir)*	je		nous	
3	*(avoir)*	vous		tu	
4	*(voir)*	on		je	
5	*(être)*	elle		vous	
6	*(sortir)*	ils		nous	
7	*(répondre)*	elle		on	

c Bringen Sie Ordnung in diese Verben und ergänzen Sie die Geschichte damit. Die Reihenfolge der Verben stimmt.

> AITOBHINS   SONPASIS   MAAISI   APIRENS
>
> IFASISA   ALIENTLA   TÉITA   AÉSIT

1 Autrefois, nous _____ dans une petite ville. Nous _____ nos weekends à la campagne chez les parents de mon père. J'_____ beaucoup mes grands-parents.

2 Pour aller au collège, je _____ le bus. Pendant le trajet, je _____ mes devoirs avec mes copains. Mon frère et ma sœur, plus jeunes que moi, _____ à pied à l'école primaire.

3 Ma vie d'avant n'_____ pas vraiment plus belle que ma vie d'aujourd'hui. Mais j'_____ jeune, donc plus léger.

d Gute ☺ / schlechte ☹ Erinnerungen: Schreiben Sie diese Texte im *imparfait*.

1 Mon enfance est facile. Mes parents sont plutôt cools. Mon frère et moi, nous nous entendons bien. On joue souvent ensemble.

Mon enfance était facile. Mes _____
_____
_____.

2 Mes parents se disputent beaucoup. Quand je rentre de l'école, ma mère fait le ménage. Quand mon père rentre du travail, il s'installe sur le canapé et met la télé. Quand je parle, on ne m'écoute pas. Je m'ennuie chez moi et le dimanche, c'est pire.

Mes parents _____
_____
_____
_____
_____.

Der Gebrauch des *imparfait*

Das *imparfait* wird verwendet für
– Beschreibungen:
Ma mère était drôle. Meine Mutter war lustig.
– Gewohnheiten und Wiederholung:
Je jouais souvent à ce jeu. Ich spielte oft dieses Spiel.
– Kommentare:
Je trouvais ça facile. Ich fand es leicht.

a Wie wird in den folgenden Sätzen das *imparfait* verwendet? Notieren Sie B für Beschreibung, G/R für Gewohnheit / Regelmäßigkeit und K für Kommentar.

1 _____ Ma grand-mère était rousse et avait les yeux verts.
2 _____ Cette histoire était un peu étrange.
3 _____ Il portait une casquette et des lunettes.
4 _____ Une fois par an, nous allions en France.
5 _____ Ça n'avait pas d'importance.
6 _____ Mon frère sortait souvent et rentrait tard.

b Bilden Sie mit den Verben im *imparfait* gegensätzliche Aussagen.

se souvenir	se disputer	adorer	manger

chanter	avoir	s'amuser

positiv ☺
1 Tu _____ ta sœur.
2 Vous étiez très courageux.
3 Ils _____ beaucoup.
4 J'avais toujours faim.
5 Nick _____ de tout.
6 Ils s'entendaient bien.
7 J'avais une belle voix.

negativ ☹
Je détestais ma sœur.
J'_____ peur de tout.
Elles s'ennuyaient beaucoup.
Elle ne _____ rien.
Martin oubliait presque tout.
Nous _____ souvent.
Tu _____ faux.

3 *Rappel* : Zeitangaben

Die folgenden Zeitangaben vertragen sich gut mit dem *imparfait*,
da sie eine Häufigkeit oder eine Dauer ausdrücken:
depuis (seit), *toujours* (immer), *souvent* (oft), *de temps en temps*
(ab und zu), *tout le temps* (die ganze Zeit), *tous les jours* (jeden Tag),
une fois par semaine (einmal pro Woche), *le lundi*
(montags), *jamais* (niemals).
*Cette petite princesse dormait **depuis** 100 ans.*
Diese kleine Prinzessin schlief seit 100 Jahren.

a Verbinden Sie die zusammengehörenden
Satzteile.

1 Coiffeur depuis toujours,
2 Du lundi au vendredi,
3 À tous les anniversaires
4 Le soir, vers 17 heures,
5 Le dimanche,
6 Souvent, ma mère
7 Un de nos jeux préféré,
8 Il était discret

a toute la famille allait à l'église.
b c'était de déranger les voisins.
c avait l'air triste.
d j'adorais ma profession.
e et ne parlait pas beaucoup.
f ma nounou s'occupait de moi.
g mon père rentrait du travail.
h on faisait une grande fête.

b Ergänzen Sie die Sätze mit dem jeweils passenden Ausdruck.
Ein Ausdruck passt zu nichts. Streichen Sie ihn durch.

chaque été deux fois par mois de temps en temps

depuis un jour jamais le mercredi toujours

1 Nous habitions _____ cinq ans dans cette ville.
2 Autrefois les enfants n'allaient pas à l'école _____.
3 Mes parents ne partaient _____ en vacances.
4 _____, je travaillais pour payer mes études.
5 _____, j'allais à mon cours de piano.
6 Il m'énervait : il savait tout et il avait _____ raison.
7 _____ mes parents sortaient. J'aimais bien.

4 *Jouer à* und *jouer de*

Das Verb *jouer* (spielen) kann mit **à** oder **de** verwendet werden:
– bei Sportaktivitäten und Spielen verwendet man **à**:
  Ils jouent souvent au foot.
  Sie spielen oft Fußball.
– bei Musikinstrumenten verwendet man **de**:
  Je joue du piano et de la flûte.
  Ich spiele Klavier und Flöte.

a Ergänzen Sie die Sätze mit *à* oder *de*. Denken Sie dabei an die verschiedenen Formen von *à* oder *de* + Artikel.

1 Dans cette famille, tous les enfants jouent _____ violon.

2 Je voudrais apprendre à jouer _____ guitare.

3 Les garçons jouaient _____ foot, les filles _____ balle.

4 J'aime bien jouer _____ jeux vidéo.

5 J'ai joué d'abord _____ guitare et ensuite _____ accordéon.

> **Rappel :** Hier geht es um Verben, die mit **à**, mit **de** oder ohne Präposition verwendet werden.

b Fünf Sätze sind nicht ganz korrekt. Schreiben Sie sie neu.

1 Ce soir, je participe la réunion.

2 Je me souviens la maison de mon enfance.

3 On fait du ski dans les Pyrénées.

4 Il s'occupe à mes plantes quand je pars en vacances.

5 Je vais au lit, j'ai mal à la tête.

6 Nous attendons au bus depuis une heure.

7 Je téléphone mes parents une fois par mois.

____ _____
____ _____
____ _____
____ _____
____ _____

Quotidien : routine et surprises…

1 **Die reflexiven Verben im *passé composé***

Alle reflexiven Verben bilden das *passé composé* mit *être*.
Deshalb richtet sich das Partizip Perfekt nach dem Subjekt.

se reposer (sich ausruhen)				
je	*me*	*suis*	*reposé/e*	ich habe mich ausgeruht
tu	*t'*	*es*	*reposé/e*	du hast dich ausgeruht
il/elle	*s'*	*est*	*reposé/e*	er/sie …
on	*s'*	*est*	*reposé(e)s*	
nous	*nous*	*sommes*	*reposé(e)s*	
vous	*vous*	*êtes*	*reposé(e)(s)*	
ils/elles	*se*	*sont*	*reposé(e)s*	

Ne… pas rahmt die Gruppe Reflexivpronomen + Hilfsverb ein.

Elles ne se sont pas ennuyées.

a Fügen Sie das Hilfsverb ein und gleichen Sie, wenn nötig, das Partizip Perfekt an.

1 Les enfants se _sont_ endormi____ sur le canapé, devant la télé.

2 Léonard _____ bien amusé____ hier soir ?

3 Ma femme et moi, nous nous _____ couché____ tôt et levé____ tard.

4 Moi et mon copain, on _____ perdu____ dans la montagne.

5 Notre soirée _____ bien passé____. Nos invités ne se _____ pas ennuyé____.

6 Martine et Léa se _____ occupé____ de la location du gite.

7 Anne, pourquoi est-ce que tu t'_____ disputé____ avec ta sœur ?

8 Je me _____ promené____ le long du canal.

9 Toi et Liane, vous vous _____ rencontré____ où ?

b Ergänzen Sie die Antworten mit den in Klammern stehenden Verben im *passé composé*.

1 Les Roland sont restés à la maison hier soir ?
– Oui, ils _____ . *(se reposer)*

2 Qu'est-ce que vous avez fait aujourd'hui ?
– Nous _____ le long du canal. *(se balader)*

3 Toi et tes collègues, vous êtes restés calmes ?
– Non, on _____ . *(s'énerver)*

4 Kevin a pris un bain ?
– Non, il _____ . *(se doucher)*

5 Pourquoi est-ce que tu n'es pas arrivée à l'heure ?
– Parce que je _____ de chemin. *(se tromper)*

c Erzählen Sie dasselbe mit dem *passé composé*.

1 Linda se marie le 15 septembre.

_____

2 Le nouveau participant ne s'intègre pas bien au groupe.

_____

3 Les étudiants se préparent à leur examen final.

_____

4 Elle s'énerve pour un rien, ensuite elle s'excuse.

_____

5 Très triste, il se sépare de son chien,

_____

d Bringen Sie Ordnung in die Sätze.

1 trois fois / suis / ~~cette nuit~~ / / me / réveillé / je
Cette nuit _____

2 les clients / passée / avec / s' / ma rencontre / bien / est

_____

3 bien / nouvelle maison / nous / dans / sentons / notre / nous

_____

4 se / pas / bien / sont / les enfants / ne / entendus

_____

2 Imparfait oder *passé composé*

Imparfait und *passé composé* sind nicht austauschbar:

– Das **imparfait** beschreibt eine länger andauernde Handlung oder eine Gewohnheit:

Quand j'étais jeune, je jouais souvent dans la rue avec mes copains.
Als ich jung war, spielte ich oft auf der Straße mit meinen Freunden.

– Das ***passé composé*** führt eine neue Handlung bzw. neue Ereignisse ein:

L'année dernière, j'ai gagné 5000 euros au loto.
Letztes Jahr habe ich 5000 Euro im Lotto gewonnen.

a Wiederholungsübung: Ergänzen Sie die Tabellen.

		imparfait	passé composé
1	*(finir)*	nous _____	nous *avons fini* _____
2	*(attendre)*	tu *attendais* _____	tu _____
3	*(partir)*	il _____	il _____
4	*(avoir)*	nous _____	nous _____
5	*(être)*	vous _____	vous _____
6	*(se reposer)*	je _____	je _____
7	*(dormir)*	on _____	on _____
8	*(amuser)*	elle _____	elle _____

b Geht es um eine Gewohnheit (G) oder um ein einmaliges, neu eintretendes Ereignis (E)? Tragen Sie G oder E ein.

1 _____ Hier, je me suis perdu dans la forêt.

2 _____ Cette année, nous n'avons pas fêté mon anniversaire.

3 _____ Elle portait souvent des lunettes de soleil et un chapeau.

4 _____ Un jour, elle a quitté son mari et n'est jamais revenue.

5 _____ Depuis deux ans, ma mère travaillait chez Mito.

6 _____ Quand j'ai appris cette nouvelle, j'ai pleuré.

7 _____ Une fois par semaine, j'allais à mon cours de danse.

8 _____ Quand je m'ennuyais, je m'endormais. C'était pratique.

c Kreisen Sie die jeweils passende Fortsetzung ein.

1 Elle a pris un taxi, mais
    a elle est arrivée en retard.
    b elle arrivait en retard.

2 Quand je suis arrivé
    a tout le monde a été là.
    b tout le monde était là.

3 Elle est rentrée tôt parce qu'
    a elle a été fatiguée.
    b elle était fatiguée.

4 J'ai mal au ventre parce que
    a j'ai trop mangé.
    b je mangeais trop.

5 Nous étions à table
    a quand le voisin a sonné.
    b quand le voisin sonnait.

6 Quand tu t'es installé en France
    a tu n'as pas parlé français.
    b tu ne parlais pas français.

> – Signalwörter für das *imparfait* sind z. B. *toujours* (immer), *le samedi* (samstags/jeden Samstag), *de temps en temps* (ab und zu). (→ Seite 17)
> – Signalwörter für das *passé composé* sind z. B. *alors* (dann), *un jour* (eines Tages), *samedi* (am Samstag), *ce matin* (heute Morgen).

d Setzen Sie die Sätze ins *passé composé* oder *imparfait*. Unterstreichen Sie dann die Zeitangaben, die jeweils als Signalwörter dienen.

1 Je vais souvent au cinéma. → *J'allais souvent au cinéma.*

2 Nous mangeons toujours dans la cuisine.
    → _____.

3 Vendredi, nous allons au concert.
    → _____.

4 J'ai mon cours de yoga le mardi soir.
    → _____.

5 Après deux mois de recherche, elle retrouve son mari.
    → _____.

6 Tu fais de la danse deux fois par semaine.
    → _____.

3 ▸ Die Wendung *être en train de* + Infinitiv

Mit *être en train de* + Infinitiv sagt man,
– was man gerade dabei ist zu tun:
  Je suis en train de lire. Ich lese gerade.
– was man gerade dabei war zu tun:
  J'étais en train de lire.
  Ich war gerade am Lesen.

> Die Verneinung rahmt das konjugierte Hilfs-verb *être* ein:
> *Je n'étais pas en train de lire quand il est arrivé.*

> Diese Wendung drückt aus, dass die Handlung andauert oder andauerte. Aus diesem Grund verträgt sie sich nicht mit dem *passé composé*.

a   Schreiben Sie die Sätze neu mit *être en train de* im *présent* oder *imparfait*.

1 Elle écrit une lettre.   → *Elle est* _____ .
2 Nous jouons aux billes.   → *Nous* _____ .
3 Je travaillais dans le jardin. → _____ .
4 Tu faisais du sport.   → _____ .
5 Ils regardent la télé.   → _____ .

b   Übersetzen Sie die Sätze.

1 Sie war gerade am Kochen, als ich angerufen habe.

_____

2 Ich bin gerade dabei, meine Übungen zu machen.

_____

3 Wir waren nicht am Arbeiten, als der Chef gekommen ist.

_____

4 Er langweilt sich und ist dabei einzuschlafen.

_____

5 Er sucht gerade seine Schlüssel.

_____

Bien-être, mise en forme…
Que du bonheur ?

 1 **Die direkten Objektpronomen** *le, la, les*

Mit *le, la, les* als Personalpronomen vermeidet
man die Wiederholung eines Wortes:
*Il prend le bus ? – Oui, il **le** prend.*

*Tu connais ma sœur ? – Oui, je **la** connais.*

*Vous aimez bien vos voisins ? – Oui, je **les** aime bien.*

> Cette bière, je la trouve chaude.

> Wie immer werden *le* und *la* vor einem Vokallaut zu *l'*:
> *Le bus, je **l'**attends devant la gare.*
> *La voisine, je **l'**invite à ma fête.*

Die direkten Objektpronomen stehen in der Regel vor dem Verb:
*Ce film, je **le** trouve bien.* Diesen Film(, den) finde ich gut.

Ne… pas rahmt die Gruppe Objektpronomen + Verb ein:
*Tu connais ces films ? – Non, je **ne** les connais **pas**.*
Kennst du diese Filme? – Nein, ich kenne sie nicht.

a Wovon ist hier die Rede? Verbinden Sie die zusammenpassenden
Satzteile.

1	Sa nouvelle voiture,	**a**	je ne le porte pas souvent.
2	Nos voisins,	**b**	je ne la connais pas.
3	Le train	**c**	il la trouve très chic.
4	Ces produits,	**d**	je ne le trouve pas difficile.
5	La radio,	**e**	nous les rencontrons souvent.
6	Ce pull,	**f**	il l'écoute sous la douche.
7	Cet exercice,	**g**	on les achète dans un magasin bio.
8	L'adresse de Jeanne,	**h**	nous l'attendons depuis une heure.

b Unterstreichen Sie die Pronomen und geben Sie dann den Satzteil an, auf den sie sich beziehen.

mes lunettes   mon dictionnaire   le pain   mes parents   ta robe   ma collègue

1 Je les appelle une fois par semaine. _____

2 Je l'attends mais elle ne vient pas. _____

3 Je les cherche depuis une heure. _____

4 Je la trouve très chic. _____

5 Je ne le consulte pas souvent. _____

6 Je l'achète chez le boulanger. _____

c *Le, la, l'* oder *les*? Ergänzen Sie.

1 ◆ Vous aimez votre grand-mère ?
  ● Non, je ne _____ aime pas. Je _____ trouve trop négative.

2 ◆ Tu perds souvent tes clés ?
  ● Oui, je _____ perds souvent mais je _____ retrouve toujours.

3 ◆ Tu vois le beau blond là-bas ?
  ● Oui, je _____ vois mais je ne _____ trouve pas très beau.

4 ◆ Tu regardes le film, ce soir ?
  ● Non, je _____ ai déjà vu deux fois. Je _____ connais trop bien.

5 ◆ Tu comprends cette langue ?
  ● Je _____ comprends un peu mais je ne _____ parle pas du tout.

d Antworten Sie mit „ja" oder „nein".

1 Tu aimes bien ta voisine ?
  – Non, je_____.

2 On invite nos voisins à la fête du 1er mai ?
  – D'accord, _____.

3 Tu mets souvent ta ceinture abdominale ?
  – Oui, _____.

4 Tu as mon numéro de téléphone ?
  – Non, _____.

5 Tu connais le dernier film de Cédric Klapisch ?
  – Non, _____.

2 Die Verneinung mit *ni… ni*

Mit *ni… ni* werden zwei Elemente verneint:

Tu dis oui ou non ?   Sagst du ja oder nein?

→ *Je ne dis **ni** oui **ni** non.* → Ich sage **weder** ja **noch** nein.

> Im gesprochenen Französisch fehlt oft *ne*:
> *J'aime ni le vin ni la bière.* Ich mag weder Wein noch Bier.

a Bilden Sie Sätze und verwenden Sie dafür *ne… ni… ni.*

1 *(aimer / ce livre / ce film)*

→ Je n'aime _____.

2 *(comprendre / la question / la réponse)*

→ Je n'ai compris _____.

3 *(parler / français / anglais)*

→ Il _____.

4 *(connaitre / notre voisine / notre voisin)*

→ On _____.

5 *(faire / le ménage / la cuisine)*

→ Elle _____.

b Sagen Sie dasselbe auf Französisch mithilfe der passenden Verneinungsform: *ne… pas, ne… ni… ni* oder *ne… pas de.*

1 Ich schlafe nicht gut.

Je _____.

2 Sie nehmen weder den Bus noch den Zug.

Elles _____.

3 Sie versteht deine Reaktion nicht.

Elle _____.

4 Wir gehen weder ins Kino noch ins Theater.

Nous _____.

5 Ich esse keinen Fisch.

Je _____.

6 Er ist weder jung noch alt.

Il _____.

La gourmandise et l'art de la cuisine

 1 **Das Pronomen** *en*

En vertritt
- eine Wortgruppe mit dem Teilungsartikel *du, de la, de l'*:
  *On a **du beurre** ? – Oui, on **en** a.* Haben wir Butter? – Ja, wir haben welchen.

- eine Wortgruppe mit dem unbestimmten Artikel *un, une, des*:
  *Tu as trouvé **des fruits** ? – Oui, j'**en** ai acheté.*

  Hast du Obst gefunden? – Ja, ich habe welches gekauft.

Wird die Menge genannt, dann folgt die Mengenangabe:
*Tu as un chien ? – Non, j'**en** ai **deux**.*
Hast du einen Hund? – Nein, ich habe zwei.

> Die Verneinung *ne... pas* rahmt die Gruppe *en* + Verb ein:
> *Tu veux un café ? – Non merci, je **n'**en veux **pas**.*

a Welches Wort, begleitet von welchem Artikel, passt hier? Ergänzen Sie.

temps libre   smartphone   sport   viande   sucre
légumes de saison   champagne   croissants

1 *Du sport* _____, il en fait deux fois par semaine.
2 _____, nous en buvons pour les fêtes.
3 _____, on en trouve toujours au marché.
4 _____, j'en mets un peu dans mon café.
5 _____, j'en ai un, mais il fonctionne mal.
6 _____, on en achète le dimanche matin.
7 _____, j'en ai moins qu'avant.
8 _____, nous n'en mangeons plus.

b Antworten Sie mit *en*.

1 Elle a de la chance ? — Oui, _____
2 Vous avez des enfants ? — Non, _____
3 Il reste de la confiture ? — Oui, _____
4 Tu as un dictionnaire ? — Non, _____
5 Ils font du sport ? — Non, _____
6 Tu bois du lait ? — Non, _____
7 On a encore de la bière ? — Oui, _____
8 Tu fais des crêpes, ce soir ? — Oui, _____

c Übersetzen Sie.

1 Schokolade? Ich will keine.
   Du chocolat ? _____
2 Eine Brille? Ich trage eine zum Fernsehen.
   _____ ? _____
3 Eine Wohnung? Ich suche eine seit einem Jahr.
   _____ ? _____
4 Ein Geschenk? Ich habe eines gefunden.
   _____ ? _____
5 Ideen? Ich habe keine.
   _____ ? _____
6 Französische Filme? Ich kenne viele.
   _____ ? _____

d Direktes Pronomen oder *en*? Kreuzen Sie die korrekte Antwort an.

1 Il boit beaucoup de café ? ☐ Oui, il le boit beaucoup.
   ☐ Oui, il en boit beaucoup.
2 Vous prenez souvent l'avion ? ☐ Oui, on le prend souvent.
   ☐ Oui, j'en prends souvent.
3 Tu fais les courses pour ce soir ? ☐ Oui, je les fais.
   ☐ Oui, j'en fais.
4 Elle a de l'humour ? ☐ Oui, elle l'a.
   ☐ Oui, elle en a.

2 Die Wendung *il faut* + Infinitiv oder Teilungsartikel

Das Verb *falloir* wird nur mit dem Pronomen *il* verwendet:

- *il faut* + **Substantiv** = man braucht

  Pour faire des crêpes, il faut de la farine et des œufs.

  Um Pfannkuchen zu machen, braucht man Mehl und Eier.

- *il faut* + **Infinitiv** = man muss

  Hiermit drückt man eine Verpflichtung oder einen Ratschlag aus.

  Il faut réagir vite. Man muss schnell reagieren.

a Ergänzen Sie diese Sätze mit der passenden Wendung.

> une bonne recette   fermer les fenêtres   consommer moins
>
> arriver à l'heure   écouter les infos   se lever   du repos

1 Pour une alimentation saine, il faut _____
   de sucre.

2 Quand on a un rendez-vous, il faut _____.

3 Contre le stress, il faut _____.

4 Pour bien commencer la journée, il ne faut pas
   _____ du pied gauche.

5 Pour un bon plat, il faut _____.

6 Pour rester de bonne humeur, il ne faut pas

   _____.

7 Avant de quitter la maison, il faut

   _____.

b Diese „Sprüche" stimmen nicht.
Verbinden Sie sie richtig.

1 Il ne faut pas réveiller	a	avant d'agir.
2 Il ne faut pas commencer	b	en famille.
3 Il faut prendre le temps	c	pour faire un monde.
4 Il faut laver son linge	d	le chat qui dort.
5 Il faut réfléchir	e	par la fin.
6 Il faut de tout	f	comme il vient.

Vive la fête !

1 Die Relativpronomen *qui* und *que/qu'*

– *Qui* (der/die/das) ist das Subjekt im Relativsatz und steht
in der Regel direkt <u>vor dem Verb</u>:
J'ai un ami **qui** <u>habite</u> *en France.*
Ich habe einen Freund, **der** in Frankreich wohnt.

– *Que/Qu'* (den/die/das) ist direktes Objekt
im Relativsatz und steht <u>vor dem Subjekt</u>:
C'est un travail **que** <u>je</u> *peux faire.*
Das ist eine Arbeit, **die** ich machen kann.

> Mit dem Relativsatz
> vermeidet man die
> Wiederholung eines
> Wortes.

a Machen Sie aus zwei Sätzen einen Satz mithilfe von *qui*.

1 J'ai un smartphone. Mon smartphone fonctionne mal.
→ *J'ai un smartphone*

2 C'est une jolie ville. Cette ville se trouve près de Colmar.
→

3 On a une cousine. Notre cousine s'appelle Lisa.
→

4 Ils attendent un train. Ce train a déjà une heure de retard.
→

b Machen Sie aus zwei Sätzen einen Satz, diesmal mit *que/qu'*.

1 C'est un nouveau quartier. J'aime bien ce quartier.
→ *C'est un nouveau quartier*

2 J'ai acheté un pull. Je ne mets jamais ce pull.
→

3 À Pâques, on cache des œufs. Les enfants cherchent les œufs.
→

4 Il a beaucoup d'appareils. Il ne maitrise pas ces appareils.
→

c Was gehört zusammen?

1 C'est une profession   **a** qu'elle n'utilise pas souvent.
2 Elle a un vélo électrique   **b** qui viennent de Tunis.
3 C'est une région   **c** qui est mal élevée.
4 Le ski, c'est un sport   **d** qui se féminise.
5 J'ai des voisins   **e** que je fais dans les Alpes.
6 Nous avons une collègue   **f** que je trouve trop touristique.

d *Qui* oder *que/qu'*? Ergänzen Sie.

1 Le tango est une danse _____ on danse à deux.
2 J'ai acheté un appareil _____ ne sert à rien.
3 C'est un mot _____ elle ne connait pas.
4 C'est un acteur _____ j'aime beaucoup.
5 Mon chien, _____ a 14 ans, est encore en forme.
6 J'admire ma collègue _____ parle cinq langues.
7 Voilà les exercices _____ vous devez faire.

e Von wem oder wovon ist hier die Rede?
Wählen Sie das passende Relativpronomen aus und notieren
Sie den Buchstaben der richtigen Lösung hinter dem Satz.

le surf (a)   la Dordogne (b)   Albert Camus (c)   la baguette (d)
la maternelle (e)   la Saint-Valentin (f)   la Loire (g)   les Pyrénées (h)

1 un écrivain français ☐ qui ☐ qu'est très connu   *c*
2 un pain ☐ qui ☐ qu'on mange beaucoup en France   ____
3 le fleuve ☐ qui ☐ que traverse Nantes   ____
4 la région ☐ qui ☐ qu'on appelle aussi le Périgord   ____
5 la montagne ☐ qui ☐ que sépare la France de l'Espagne   ____
6 un sport ☐ que ☐ qu'on pratique
beaucoup à Lacanau   ____
7 l'école ☐ qui ☐ qu'accueille les très
jeunes enfants   ____
8 la fête ☐ qui ☐ que les amoureux
et amoureuses fêtent   ____

f Übersetzen Sie die Sätze ins Französische.

1 Ich mag das Lied von Patrick Fiori „Die Leute, die man liebt".

J'aime la chanson de P. Fiori _____

2 Der GR10 ist der Wanderweg, der durch die Pyrenäen führt.

_____

3 Die Insel, die auch ile de Beauté heißt, das ist Korsika.

_____

4 Die kleine Giraffe, die alle Kinder lieben, heißt Sophie.

_____

g Fügen Sie das passende Relativpronomen ein und testen Sie Ihr Wissen über Frankreich.

1 Le sculpteur _____ a créé la Statue de la Liberté, c'est

   a Auguste Rodin **b** Auguste Bartholdi   **c** Jean Arp

2 La récompense _____ on reçoit au Festival de Cannes, c'est

   a la Palme d'or   **b** l'oscar   **c** le prix Goncourt

3 Le sport _____ les français pratiquent le plus c'est…

   a la pétanque   **b** le foot   **c** le tennis

4 Le nom de l'actrice _____ joue dans le film *Frantz*, c'est

   a Sylvie Testud   **b** Charlotte Gainsbourg   **c** Paula Beer

5 Le chanteur et compositeur _____ a chanté *La Mer*, c'est

   a Jacques Brel   **b** Charles Trenet   **c** Renaud

6 La ville _____ on appelle la Ville rose, c'est

   a Bordeaux   **b** Lyon   **c** Toulouse

7 Le lac _____ se trouve en France et en Suisse, c'est…

   a le lac Léman   **b** le lac des Quatre-Cantons **c** le lac d'Annecy

8 L'oiseau _____ on associe à la France, c'est…

   a la cigogne   **b** le merle   **c** le coq

9 Le poète _____ se sert des animaux pour parler de nous, c'est…

   a Victor Hugo   **b** La Fontaine   **c** Paul Verlaine

!!! Le nombre de points que vous avez, c'est _____ ☺

Chapeau !

2 ## Die indirekten Objektpronomen (mir, dir, ihm/ihr, …)

Ein indirektes Objektpronomen vertritt ein indirektes Objekt, das mit *à* eingeführt wird:

Je réponds <u>à mes parents</u>. → *Je **leur** réponds.*
Ich antworte <u>meinen Eltern</u>. → Ich antworte **ihnen**.

me	*Ça me va bien.*	Es steht mir gut.
te	*Ça te va bien.*	Es steht dir gut.
lui	*Ça lui va bien.*	Es steht ihm / ihr gut.
nous	*Ça nous va bien.*	Es steht uns gut.
vous	*Ça vous va bien.*	Es steht euch / Ihnen gut.
leur	*Ça leur va bien.*	Es steht ihnen gut.

Vor Vokal werden *me* und *te* zu *m'* und *t'*:
*Il **m'**écrit souvent.*
Er schreibt mir oft.

Die Verneinung rahmt die Gruppe Pronomen + Verb ein:
*Il **ne** m'écrit **pas** souvent.*
Er schreibt mir nicht oft.

a Ergänzen Sie die Sätze mit dem jeweils passenden Pronomen.

nous   lui   lui   te   m'   leur

1 Tu as contacté Marc ?
Oui, je _____ ai téléphoné mais il n'était pas là.

2 Qu'est-ce que tu as eu à Noël ?
À Noël, mes parents _____ ont offert un porte-bonheur.

3 Tu téléphones souvent à tes amis ?
Non, mais je _____ envoie souvent des mails.

4 Vous êtes contents de votre nouvel appartement ?
Oui, nous avons eu de la chance, il _____ plait beaucoup.

5 Tu as prévenu Clémentine ?
Non, je ne _____ ai rien dit.

6 Quelle histoire ! Qu'est-ce que je peux faire ?
Je _____ conseille de rester calme.

b Verbinden Sie die zusammenpassenden Satzteile.
Markieren Sie dann die indirekten Pronomen.

1	Tu n'étais pas chez toi	a	vous va très bien.
2	Je n'ai pas parlé à Luc	b	ne me convient pas vraiment.
3	J'aime bien mes copines	c	que mon oncle m'a payé.
4	C'est le vélo électrique	d	nous téléphonent très souvent.
5	Votre nouveau pull	e	quand je t'ai téléphoné.
6	Nos parents	f	alors je ne lui offre rien.
7	J'ai l'impression	g	mais je lui ai écrit.
8	Zoé n'aime rien,	h	que ma solution te plait.
9	Ce nouveau cours de danse	i	mais je ne leur dis pas tout.

c Bringen Sie Ordnung in die Sätze.

1 tondeuse / ~~ma~~ / prête / souvent / me / voisine / sa
   Ma _____

2 parle / Tina / de / toujours / ses enfants / nous
   _____

3 trop de temps / leur / ces / et d'argent / deux chiens / coutent
   _____

4 très bien / va / manteau / te / ton nouveau
   _____

5 lui ai / Maxi / j'ai vu / mais / pas parlé / ne / je
   _____

d Direkte Objektpronomen *le, la, l', les* (den, die, das) oder indirekte
Objektpronomen *lui, leur* (ihm / ihr, ihnen)? Ergänzen Sie.

1 À la voisine, je ne _____ ai pas encore demandé.
2 Mes enfants, je _____ envoie au lit à 20h30.
3 Ta femme, je _____ trouve sympa et je _____ parle souvent.
4 Pierre ne sait rien, on ne _____ a rien dit.
5 Ce conte, je _____ comprends, mais je ne _____ aime pas.
6 Ce livre, je _____ ai acheté hier.
7 À mes parents, à Noël, je _____ apporte des bons chocolats.

J'aime bien où j'habite, et vous ?

 Das *conditionnel présent*

Das *conditionnel* drückt eine aktuell nicht reale Handlung aus:
*Ici, on **vivrait** mieux.* Hier würde man besser leben.
Die Endungen – dieselben wie beim *imparfait* – werden an den Infinitiv angehängt. Sie gelten für alle Verben:

regelmäßige Formen	
chanter	
je	chanter**ais**
tu	chanter**ais**
il/elle/on	chanter**ait**
nous	chanter**ions**
vous	chanter**iez**
ils/elles	chanter**aient**

unregelmäßige Formen	
avoir	→ j'aurais
être	→ je serais
aller	→ j'irais
faire	→ je ferais
vouloir	→ je voudrais
pouvoir	→ je pourrais
devoir	→ je devrais

> Bei den Verben auf *-(d)re* fällt das letzte *-e* weg:
> *prendre* → **prendr-** → *je prendrais* ich würde nehmen

a Fügen Sie die Endungen ein.

1 Tu quitter_____ ton ami, et on partir_____ ensemble.
2 Ils rester_____ deux semaines sans leur smartphone.
3 Je prendr_____ le train et vous, vous rentrer_____ en avion.
4 Nous habiter_____ au bord d'un canal et tout se passer_____ bien.
5 Elle attend_____ un train qui n'arriver_____ jamais.

b Setzen die unregelmäßigen Formen ein.

1 *être* → elle _____
2 *pouvoir* → vous _____
3 *aller* → ils _____
4 *avoir* → j' _____
5 *vouloir* → tu _____
6 *faire* → nous _____

c Streichen Sie die Formen, die nicht im *conditionnel* stehen, durch und setzen Sie sie ins *conditionnel*.

1 je mettrais – je perdrais – je rencontrais _____

2 il préparait – il ferait – il achèterait _____

3 nous aimerions – nous rions – nous aurions _____

4 on prendrait – on serait – on montrait _____

d Schreiben Sie die Sätze im *conditionnel présent* um.

1 Nous devons travailler plus. → _____

2 Je veux une nouvelle voiture. → _____

3 On peut t'offrir un beau cadeau. → _____

4 Tu es prêt à l'heure. → _____

5 Vous avez de la chance. → _____

6 Ils arrivent les premiers. → _____

e Markieren die Zeiten mit verschiedenen Farben, z. B. grün für das Präsens, gelb für das *imparfait* und blau für das *conditionnel*. Ergänzen Sie dann die Tabelle.

Je m'appelle Pierre et j'ai soixante ans. Enfant, j'imaginais qu'un jour j'aurais beaucoup d'argent, que j'achèterais une grosse voiture comme mon oncle qui était très riche et que je ferais le tour du monde. Je n'avais pas de vrais problèmes. Je vivais au jour le jour.
Aujourd'hui, je suis riche, je pourrais aller partout, mais je ne veux plus voyager parce que j'aime être chez moi. Autrefois, je rêvais beaucoup. J'aimerais bien rêver encore.

Présent	imparfait	conditionnel présent
je m'appelle	___ _____	___ _____
___ _____	je n'avais pas	___ _____
___ _____	___ _____	___ _____
___ _____	___ _____	___ _____

2 Das Relativpronomen *où*

Das Relativpronomen **où** vertritt
– eine Ortsangabe:
la ville où je suis né   die Stadt, wo ich geboren bin
– eine Zeitangabe:
l'année où je me suis marié   das Jahr, in dem ich geheiratet habe

a Bilden Sie Sätze: Das erste Wort ist jeweils großgeschrieben.

1 où / souvent / un café / nous allons / C'est

_____

2 de rivière / est / il n'y a pas / Clermont-Ferrand / où / une ville

_____

3 est tombé / 1989 / est / le mur / l'année / de Berlin / où

_____

4 où / La maison / n'existe / j'ai grandi / plus

_____

5 est / où / nos vacances / le pays / nous passons / L'Espagne

_____

6 j'allais / Mes voisins / au moment / ont sonné / où / m'endormir

_____

b *Qui, que* oder *où*? Ergänzen Sie mit dem passenden Relativpronomen.

Un monde <u>qui</u> change avec...

1 des voitures _____ parlent,
2 des magasins _____ les caisses sont autonomes,
3 un réfrigérateur _____ liste les produits _____ on doit acheter,
4 des supermarchés _____ restent ouverts jusqu'à minuit,
5 des amis _____ sont virtuels et _____ on ne connait pas vraiment,
6 des pays _____ on construit des tours
de plus en plus hautes,
7 des villes _____ les touristes dérangent,
8 des jours _____ il fait trop chaud et des
jours _____ il pleut trop.

3 Der Indefinitbegleiter *tout*

Als Indefinitbegleiter richtet sich *tout* nach dem Substantiv. Im Singular bedeutet *tout/e* „ganz" und im Plural bedeutet *tous/toutes* „alle".

Singular	▲ *tout* → *tout le gâteau*	der ganze Kuchen
	▼ *toute* → *toute la tarte*	die ganze Torte
Plural	▲ *tous* → *tous les gâteaux*	alle Kuchen
	▼ *toutes* → *toutes les tartes*	alle Torten

> Auf *tout* kann ein Possessiv- oder Demonstrativbegleiter folgen:
> *Il a rangé **tous ses** livres.*   Er hat alle seine Bücher aufgeräumt.
> ***Toute cette** histoire me plait.* Diese ganze Geschichte gefällt mir.

a   Wählen Sie die richtige Möglichkeit aus.

1 Je connais bien ☐ tous ☐ toutes mes voisines.
2 Il râle ☐ tout ☐ tous le temps.
3 J'ai rencontré ☐ tous ☐ toutes les amis de Lucas.
4 Ils ont vidé ☐ tous ☐ tout le frigo.
5 Il prend ☐ tout ☐ toute la place.
6 Ici, ☐ toutes ☐ tous les gens sont aimables.
7 Il a fait du bruit ☐ toute ☐ tout la nuit.
8 Je ne connais pas ☐ toute ☐ toutes
les régions de France.

Ils ont vidé tout mon frigo.

b   Ergänzen Sie die Sätze mit *tout, toute, tous* oder *toutes* + bestimmtem Artikel.

1 On a invité _____ _____ copains de Timéo.
2 J'ai réglé _____ _____ facture.
3 Il a travaillé _____ _____ été.
4 Elle a invité _____ _____ famille.
5 Nous avons trouvé _____ _____ solutions.
6 J'ai cherché dans _____ _____ quartier.
7 Vous avez corrigé _____ _____ erreurs.
8 J'aime _____ _____ films de François Ozon.

c Hier ist nicht alles korrekt: Korrigieren Sie die falschen Formen.

J'ai passé ~~toute~~ mon weekend à mettre de l'ordre dans toute ma chambre. J'ai mis tout mon énergie : j'ai nettoyé tous les étagères, j'ai rangé tout mes livres, jeté toutes mes vieilles photos et tout les vieux journaux. J'ai mis tous les vêtements qui trainaient dans la machine à laver. J'ai rentré tous les plantes qui étaient sur le balcon parce que l'hiver arrive.

1 *tout mon weekend*   4 _____

2 _____   5 _____

3 _____   6 _____

d Übersetzen Sie ins Französische.

1 Die ganze Schule ist geschlossen, alle Schüler sind abwesend.

   _____

2 Der Reiseführer hat sein ganzes Programm geändert.

   _____

3 Wir haben alle Kirchen und alle Museen besichtigt.

   _____

4 Nachts sind alle Katzen grau.

   _____

5 Wir können in ganz Frankreich liefern.

   _____

> In einigen oft verwendeten Ausdrücken wird *tout* anders gebraucht, und zwar meist ohne Artikel.

e Verbinden Sie die Ausdrücke mit gleicher Bedeutung.

1	tout de suite	a	alle, jeder
2	tous les jours	b	auf jeden Fall
3	tout le monde	d	ganz frei
4	à toutes jambes	e	jeden Tag
5	tout le contraire	f	ganz schnell
6	en toute liberté	g	gleich, sofort
7	de toute manière	h	genau das Gegenteil

Comment va la santé ?

 Verneinungswörter

Die Verneinung besteht aus zwei Elementen: das erste ist *ne*, das zweite variiert je nach Bedeutung.
Zwischen den beiden Elementen steht die konjugierte Verbform.

ne… pas	*Il ne travaille pas.*	Er arbeitet nicht.
ne… plus	*Il ne travaille plus.*	Er arbeitet nicht mehr.
ne… jamais	*Il ne travaille jamais.*	Er arbeitet niemals.
ne… ni… ni	*Il n'est ni grand ni petit.*	Er ist weder groß noch klein.
ne… personne	*Il ne connait personne.*	Er kennt niemanden.
ne… rien	*Il ne fait rien.*	Er macht nichts.

Wie im Deutschen können *personne* (niemand) und *rien* (nichts) vor *ne* stehen:
Ici, ***personne ne*** *travaille.*
Hier arbeitet niemand.
Rien ne *lui va*. Nichts passt ihm.

Im gesprochenen Französisch wird *ne* oft weggelassen:
Je ne fume plus. → *Je fume plus.* Ich rauche nicht mehr.

a Verbinden Sie die zueinander passenden Satzteile.

1 Elle vient avec nous ?   a Non, je n'ai vu personne.
2 Tu vas un peu mieux ?   b Il n'aime rien.
3 Tout se passe bien ?   c Non merci, je ne bois ni thé ni café.
4 Tu as des amis ?   d Non, il n'est jamais content.
5 Tu fais quoi demain ?   e Non, rien ne marche.
6 Un thé, un café ?   f Non, elle n'a pas le temps.
7 Il a le moral ?   g Je ne fais rien.
8 Qu'est-ce qu'il aime ?   h Oui, je n'ai plus de fièvre.
9 Tu as vu des gens ?   i Non, personne ne m'aime.

b Von der positiven zur negativen Aussage: Verwenden Sie die passende Verneinung.

ne... ni... ni | ne... personne | ne... plus | rien ne | ~~ne... jamais~~ | ne rien

1 On va souvent au cinéma.   *On ne va jamais au cinéma.*
2 Tout me plait.   _____
3 J'aime les chiens et les chats.   _____
4 Je connais des gens ici.   _____
5 Tu sais tout.   _____
6 Il dort encore.   _____

c Ergänzen Sie: Hier kann auch *ne* zu *n'* werden.

1 ni... ni | ne...pas | rien ne | ne...rien | ne... jamais

Hugo _____ est _____ agréable : il _____ fait _____
pour les autres. Je _____ le vois _____ dans la cuisine.
_____ gai, _____ triste, _____ _____ l'intéresse.

2 ne... plus | ne... rien | ne... jamais | personne ne

Tu _____ as _____ reçu ? J'ai envoyé mes mails hier à tous les
collègues, mais _____ _____ a réagi. Je _____ ai _____
envie de contacter des gens qui _____ répondent _____ .

d Bringen Sie Ordnung in diese Sätze.

1 ni / il / théâtre / ~~dans cette~~ / n'y a / ni / ville / cinéma
Dans cette _____
2 à la piscine / vais / jamais / je / ne

_____
3 habiter / Loïc / plus / ses parents / veut / chez / ne

_____
4 la réponse / ne / question / connait / personne / à cette

_____
5 trouve / mais / on cherche / rien / on ne / un appartement

_____

 **Avoir mal à + Artikel**

Auf einige Verben folgt die Präposition **à**, gefolgt von einem Substantiv oder einem Infinitiv:
- **J'ai mal à** la tête. Ich habe Kopfschmerzen.
- **Il apprend à** lire. Er lernt lesen.

> Eine Regel gibt es nicht. Am besten lernen Sie ein Verb mit seiner Präposition.

Auf andere Verben folgt die Präposition **de**:
- **Je me souviens de** son père. Ich erinnere mich an seinen Vater.
- **J'essaie de** comprendre. Ich versuche zu verstehen.

a Verben, auf die *à* oder *de* folgt: Ergänzen Sie die Sonnen mit den passenden Verben.

SE SOUVENIR ~~PARTICIPER~~ AVOIR ENVIE
RÉUSSIR ENVOYER CHOISIR ESSAYER RÉFLÉCHIR

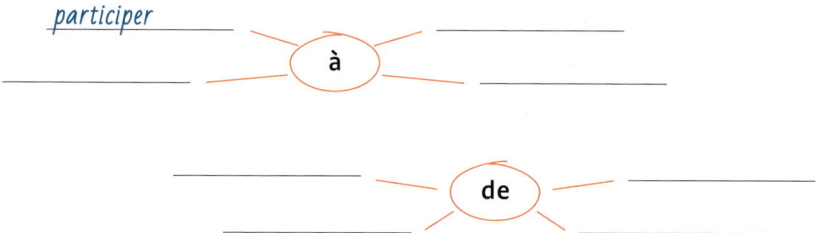

participer

à

de

b Verbinden Sie die zusammengehörigen Elemente.

1 Courageuse, elle n'a peur   **a** à rien.
2 Cet appareil ne me sert   **b** de déménager.
3 Très curieuse, elle s'intéresse   **c** de prendre mes clés.
4 Pas de sport aujourd'hui, j'ai mal   **d** de rien.
5 Finalement, nous avons décidé   **e** à tout.
6 J'ai oublié   **f** au dos.

3 Der Gebrauch des *conditionnel présent*

Das ***conditionnel présent*** drückt aus:

– eine Bitte:
 Pourrais-tu m'aider ?
 Könntest du mir helfen?
– einen Rat, eine Empfehlung:
 Tu devrais faire du piano.
 Du solltest Klavier spielen.
– einen Wunsch:
 J'aimerais être riche. Ich wäre gern reich.

Je préfèrerais jouer au foot.

a Ergänzen Sie mit dem jeweils angegebenen Verb im
 conditionnel présent.

 1 *(aimer)* J'_____ partir avec toi.
  (aller) On _____ là où tu veux.
  (partir) Nous _____ quand tu peux ou quand tu veux.
 2 *(prendre)* Tu _____ enfin du temps pour moi.
  (être) Je _____ très heureux.
 3 *(décider)* Tu _____ tout.
  (pouvoir) Nous _____ faire un tour ou ne rien faire.
  (faire) Je suis sûr que cela te _____ du bien.
 4 *(avoir)* Et puis, nous _____ un dernier bon souvenir.
  (finir) Notre histoire ne _____ pas trop mal.

b Entscheiden Sie, ob es um eine Bitte (B), einen Rat (R)
 oder einen Wunsch (W) geht.

	B	R	W
1 J'aimerais être bon en maths.	☐	☐	☐
2 Tu devrais manger moins de sucre.	☐	☐	☐
3 Je voudrais un café, s'il vous plait.	☐	☐	☐
4 J'adorerais vivre sur une ile.	☐	☐	☐
5 Pourrais-tu ouvrir la fenêtre, s'il te plait ?	☐	☐	☐
6 Il faudrait prendre le temps de réfléchir.	☐	☐	☐

c Formulieren Sie die Sätze mit dem *conditionnel présent* um.

1 Vous devez travailler plus. → _____

2 Tu t'ennuies moins. → _____

3 Nous avons de la chance. → _____

4 On peut trouver du travail. → _____

5 Ils sont furieux. → _____

6 Elle oublie tout. → _____

7 Je vais mieux. → _____

d Verbinden Sie die zusammenpassenden Satzteile.

1 J'ai un problème,   **a** il s'énerverait moins.

2 Avec une montre qui marche   **b** tu devrais te faire vacciner.

3 Plus élégante,   **c** je ne vivrais pas mieux.

4 Pour gagner la course   **d** tu serais à l'heure.

5 Un peu plus cool,   **e** je me sentirais trop seul.

6 Dans une très grande maison   **f** tu pourrais peut-être m'aider.

7 Avant de partir à Mayotte,   **g** tu aurais plus de charme.

8 Avec plus d'argent   **h** il devrait s'entrainer plus.

e Übersetzen Sie

... vom Französischen ins Deutsche.

1 Il ne serait pas content. → *Er   nicht zufrieden.*

2 Je m'ennuierais avec lui. → _____

3 Tu dormirais mieux. → _____

4 J'irais chez le médecin. → _____

5 On aurait plus de temps. → _____

... vom Deutschen ins Französische.

1 Du solltest antworten. → _____

2 Es wäre genial. → _____

3 Ich käme zu dieser Sitzung. → _____

4 Wir würden uns impfen lassen. → _____

5 Er würde alles für sie tun. → _____

Et si on parlait un peu culture ?

 Das Fragepronomen *lequel*

Der erste Teil des Fragepronomens ist der bestimmte Artikel, der zweite Teil ist das Fragewort *quel*.
Beide Teile richten sich nach dem Substantiv, das sie vertreten:

Singular	⛰ *un* projet	→	*Lequel ?*	Welches?
	▼ *une* idée	→	*Laquelle ?*	Welche?
Plural	⛰ *des* projets	→	*Lesquels ?*	Welche?
	▼ *des* idées	→	*Lesquelles ?*	Welche?

    Lequel de ces émoticônes est le plus sympa ?

a *Lequel, lesquels, laquelle, lesquelles*? Ergänzen Sie die Fragen und kreuzen Sie die jeweils richtige(n) Antwort(en) an.

1 De ces trois pays, _____ ne fait pas partie de l'UE ?
☐ la Suède ☐ la Norvège ☐ la Finlande

2 Parmi ces iles, _____ sont françaises ?
☐ la Corse ☐ la Réunion ☐ la Dominique ☐ Mayotte

3 _____ de ces gares ne se trouve pas à Paris ?
☐ la gare du Nord ☐ la gare de l'Est ☐ la gare du Midi

4 _____ de ces mots sont féminins ?
☐ histoire ☐ immeuble ☐ lycée ☐ chambre

5 _____ de ces animaux sont dans le livre *Le Petit Prince* ?
☐ le renard ☐ la tortue ☐ le mouton ☐ le hamster

6 Parmi ces villes, _____ est traversée par deux cours d'eau.
☐ Clermont-Ferrand ☐ Toulouse ☐ Lyon ☐ Bordeaux

7 _____ de ces couleurs sont des couleurs froides ?
☐ le rouge ☐ le vert ☐ l'orange ☐ le bleu

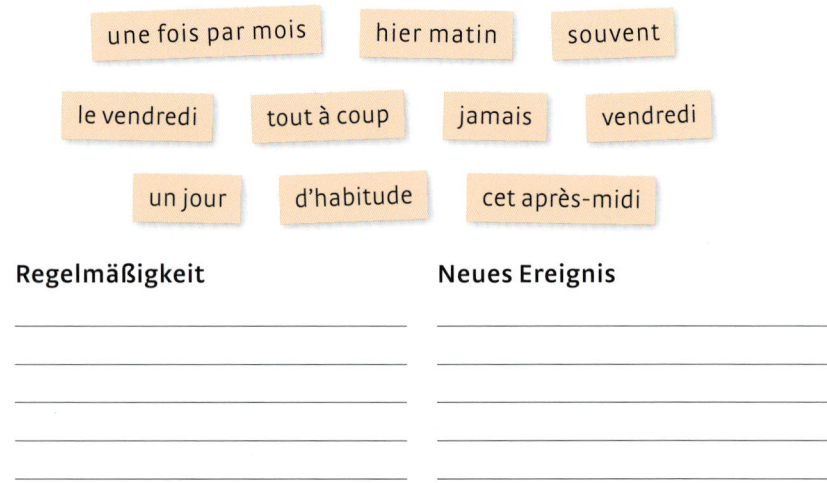

b Bringen Sie Ordnung in diese Fragen. Das erste Wort ist jeweils großgeschrieben.

1 a commencé / lequel / à s'énerver / De vous deux

_____

2 lequel / veux / mais / un vélo / Tu

_____

3 De ces / laquelle / plus chic / deux vestes / est

_____

4 mariés / Lesquels / sont / de vos enfants

_____

2 Wiederholung: *imparfait* oder *passé composé*

In einer Erzählung braucht man diese zwei Zeiten:
- Das *imparfait* präsentiert den Hintergrund der Handlung.
- Das *passé composé* führt neue Ereignisse ein.

Il était midi quand nous avons quitté la maison.
Es war 12 Uhr, als wir das Haus verlassen haben.

a Regelmäßigkeit oder neues Ereignis? Ergänzen Sie die Tabelle mit der jeweils passenden Zeitangabe.

une fois par mois   hier matin   souvent

le vendredi   tout à coup   jamais   vendredi

un jour   d'habitude   cet après-midi

Regelmäßigkeit	**Neues Ereignis**
_____	_____
_____	_____
_____	_____
_____	_____
_____	_____

b Kreuzen Sie die passende Zeitangabe an.

1 Avant j'allais ☐ souvent ☐ dimanche à la piscine.
2 J'ai travaillé ☐ depuis ☐ pendant deux heures.
3 ☐ Samedi ☐ Le samedi j'ai pris le train.
4 Je faisais du sport ☐ tous les jours ☐ vendredi soir.
5 J'ai bien dormi ☐ cette nuit ☐ la nuit.
6 ☐ D'habitude ☐ Cette fois je me suis trompé.
7 Je ne travaillais plus ☐ ce weekend ☐ le weekend.

c *Imparfait* oder *passé composé*? Ergänzen Sie die Verben.
Die Reihenfolge der Verben ist vorgegeben.

1 faire sortir être s'installer

   ◆ Qu'est-ce que tu _____ hier soir, Mira ?
   Tu _____ ?
   ● Non. J'_____ fatiguée alors je _____
   devant la télé.

2 prendre dormir être s'arrêter râler ne pas fermer

   ◆ Pour aller à Berlin, nous _____ le train de nuit.
   ● Et vous _____ ?
   ◆ Moi, non. Mon lit _____ trop dur et à chaque fois
   que le train _____, les gens _____.
   Je _____ l'œil.

d Drei Sätze/Satzteile sind nicht richtig. Schreiben Sie sie neu.

1 Il pleuvait fort, alors j'ai pris mon parapluie.
2 Il voulait offrir des fleurs à sa femme, mais elle en a eu déjà.
3 Ce matin, j'ai montré mon texte au prof. Il ne réagissait pas.
4 Le guide n'était pas intéressant, alors j'ai quitté le groupe.
5 J'ai été étudiant quand j'ai rencontré ma compagne.

___ _____
___ _____
___ _____

Quel plaisir d'être en pleine nature !

 1 ### Indefinitbegleiter

Ein Indefinitbegleiter führt ein Element ein, das nicht näher bestimmt ist.

aucun/e	*aucune idée*	(gar) keine Idee
autre/s	*un autre festival*	ein anderes Festival
chaque	*chaque soir*	jeden Abend
même/s	*le même jour*	derselbe Tag
	le même chapeau	der gleiche Hut
plusieurs	*plusieurs projets*	mehrere Projekte
quelques	*quelques affiches*	einige Plakate

a Finden Sie die Indefinitbegleiter und ergänzen Sie die Sätze. Vergessen Sie den Hahn nicht. ☺

tout/e und *tous/-tes*
→ L8, Seite 38

ICTOUTESERMÊMELTIFAUTRETO
OMÊMESBIOTVIQUELQUESOR

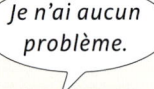
Je n'ai aucun problème.

1 Ma fille et moi, on a les _____ gouts.

2 _____ personnes n'ont pas pu venir.

3 Tu devrais ranger _____ tes étagères.

4 Nous avons le _____ âge.

5 J'aimerais avoir une _____ voiture.

b Kreuzen Sie den richtigen Indefinitbegleiter an.

1 J'ai lu ☐ toute la nuit ☐ aucune nuit.

2 Le renard a mangé ☐ les mêmes poules ☐ quelques poules.

3 Nous avons dû prendre ☐ chaque train ☐ un autre train.

4 Ce coq me réveille ☐ aucun ☐ chaque matin.

5 On a eu ☐ la même idée ☐ toute l'idée.

6 Ils ont ☐ plusieurs voitures ☐ toutes les voitures.

c Übersetzen Sie

... vom Französischen ins Deutsche.

1 Nous avons le même prénom.

_____

3 Nous n'avons fait aucune photo.

_____

3 J'ai encore quelques questions.

_____

4 Tu devrais prendre un autre train.

_____

... vom Deutschen ins Französische.

1 Anna und ich wohnen in derselben Straße.

_____

2 Ich habe dieses Buch mehrere Male gelesen.

_____

3 Ich habe alle Übungen gemacht.

_____

4 Streik: Kein einziger Zug fährt.

_____

5 Jeden Tag muss ich einen anderen Zug nehmen.

_____

_____

d Verbinden Sie die zusammengehörenden Wendungen.
Es geht hier um gebräuchliche Wendungen.

1	chaque fois	a	etwas
2	sans aucun doute	b	gleichzeitig
3	en tout	c	unter anderem
4	quelque chose	d	ohne Zweifel
5	entre autre	e	irgendwo
6	en même temps	f	jedes Mal
7	à toute vitesse	g	insgesamt
8	quelque part	h	ganz schnell

2 *Rappel :* **Die Relativpronomen** *qui, que/qu'* **und** *où*

– *Qui* (der, die, das) ist Subjekt des Relativsatzes:
  le portable **qui** *sonne*　　　das Handy, **das** klingelt
  la saison **qui** *commence*　　die Jahreszeit, **die** beginnt

– *Que* (den, die, das) ist direktes Objekt des Relativsatzes:
  un film **que** *j'adore*　　　　ein Film, **den** ich sehr liebe
  la femme **qu'**il aime*　　　　die Frau, **die** er liebt

– *Où* vertritt eine Ortsangabe oder eine Zeitangabe:
  la ville **où** *je suis né*　　　die Stadt, **in der** ich geboren bin
  le jour **où** *je suis né*　　　der Tag, **an dem** ich geboren wurde

a　Verbinden Sie die zusammenpassenden Satzelemente.

1 Elle va dans des villes	**a** que je trouve intéressant.
2 C'est un nouveau projet	**b** où j'ai fini mes études.
3 J'ai revu la ferme	**c** qui sont calmes et détendus.
4 J'aime bien les gens	**d** qu'elle ne visite pas.
5 2017, c'est l'année	**e** qui n'est pas vraie.
6 Il m'a raconté une histoire	**f** où j'ai passé mon enfance.

b　*Qui, que* oder *où*: Ergänzen Sie.

1 Le livre _____ je lis en ce moment est très intéressant.

2 La région _____ je passe mes vacances, c'est la Bourgogne.

3 Un appareil _____ est très utile, c'est la machine à laver.

4 C'est un festival _____ je vais chaque année.

5 Le sport _____ je préfère, c'est la marche.

6 Tous les gens _____ elle connait sont un peu bizarres.

7 J'ai vu un film _____ m'a beaucoup plu.

8 C'est un endroit _____ je me sens bien.

9 Il y a des histoires _____ n'ont pas de fin.

10 C'est une histoire _____ me plait, _____ je me rencontre
　　　 et _____ je te conseille de lire.

c *Qui, que* oder *où*: Ergänzen Sie und beenden Sie die Sätze. Es geht hier um ein weltberühmtes Buch.

le désert	le mouton	Saint-Exupéry	la rose

la terre	l'astéroïde B612	le Petit Prince	le renard

1 ce petit garçon _____ vient d'une autre étoile _____
2 la fleur _____ il préfère _____
3 la planète _____ il arrive par hasard _____
4 un animal important _____ il rencontre _____
5 l'endroit _____ il parle avec cet animal **c'est** _____
6 un autre animal _____ il aime bien _____
7 l'endroit _____ il décide de retourner _____
8 le nom de l'auteur _____ a écrit ce conte _____

d Bringen Sie Ordnung in die Sätze. Das erste Wort ist jeweils großgeschrieben.

1 qu' / à voix haute / est / il / Le texte / très beau / lit

_____

2 souvent / où / C'est / je me promène / une forêt

_____

3 qui / insupportable / Ce coq / chante / est / toute la journée

_____

4 j'aime / ne m'aime / La femme / pas / que

_____

5 un peu / sont / J'ai / bizarres / qui / des voisins

_____

6 presque / où / il / tous les jours / l'été / a plu / C'est

_____

7 je / que / ne / Il s'agit / comprends pas / d'un mot

_____

Les tranports et vous

 1 ## Die Modalverben *savoir* und *pouvoir*

Dem deutschen Verb „können" entsprechen zwei Verben:

– *savoir* = können, weil man es gelernt hat
  → *Je sais nager. (j'ai appris)* Ich kann schwimmen.
– *pouvoir* = können, weil man dazu fähig ist oder darf
  → *Je peux venir. (j'ai le temps)* → Ich kann kommen.

pouvoir
→ siehe
Grammatik-
trainer A1,
Seite 44

savoir			
je	sais	nous	savons
tu	sais	vous	savez
il/elle/on	sait	ils/elles	savent

Il ne sait pas quoi dire.

a Verbinden Sie die Satzteile.

1 Elle ne peut pas danser,   a avec ses dix doigts.
2 Il ne sait pas s'amuser,   b qui est trop lourd.
3 Nous ne pouvons pas dormir,   c elle a mal au genou.
4 Il ne peut pas dire l'heure,   d mais tu apprends.
5 Elle sait tout faire   e il est toujours sérieux.
6 Il ne peut pas porter ce sac   f cet hôtel est trop bruyant.
7 Tu ne sais pas encore nager   g il n'a pas de montre.

b *Savoir* oder *pouvoir*? Übersetzen Sie.

1 Ich kann diese Übung machen. Und du?

_____

2 Wir können morgen nicht kommen.

_____

3 Sie hat keinen Führerschein, aber sie kann Auto fahren.

_____

4 Meine Tochter ist vier Jahre alt und kann schon lesen.

_____

2 Das *futur simple* (einfache Zukunft)

Der Stamm des *futur simple* ist derselbe wie der des *conditionnel* (→ Seite 35). Die fett gedruckten Endungen gelten für alle Verben.

Regelmäßige Formen

chanter → *chanter-*			
je	*chanter**ai***	*nous*	*chanter**ons***
tu	*chanter**as***	*vous*	*chanter**ez***
il/elle/on	*chanter**a***	*ils/elles*	*chanter**ont***

Bei Verben auf -*(d)re* entfällt das letzte -*e*:

prendre → je **prendr**ai   ich werde nehmen

Unregelmäßige Formen

aller	→ *j'irai…*	*pouvoir*	→ *je pourrai…*
avoir	→ *j'aurai…*	*venir*	→ *je viendrai…*
être	→ *je serai…*	*voir*	→ *je verrai…*
faire	→ *je ferai…*	*vouloir*	→ *je voudrai…*

a Unterstreichen Sie die im *futur simple* stehenden Verben.

- ◆ Alors, vous partez quand ?
- ● Si tout va bien, nous partirons samedi. On annonce de la neige, alors nous prendrons le train.
- ◆ Vous habiterez où ?
- ● J'ai réservé un gite en pleine montagne, au bord d'un lac.
- ◆ J'espère que tout se passera bien.
- ● Nous aussi. On espère pouvoir faire des randonnées et une balade en bateau sur le lac. Pour le reste, on verra.
- ◆ Et votre fille part avec vous ?
- ● Non, mais elle viendra nous voir deux jours. C'est déjà bien.
- ◆ Alors, je vous souhaite un bon séjour !
- ● Merci. Et toi, qu'est-ce que tu feras ?
- ◆ Euh… Mon projet, ce serait d'aller à Paris, mais rien n'est sûr. Qui vivra, verra.

b Ergänzen Sie die Sätze mit dem *futur simple*.

1 *(briller)* Demain, le soleil _____ partout.

2 *(mettre)* Je ne _____ plus la télé avant 20 heures.

3 *(apprendre)* Les élèves _____ le poème par cœur.

4 *(prendre)* On _____ un café avant de partir.

5 *(arriver)* Tous les trains _____ en retard.

6 *(être / faire)* Tu _____ riche et tu _____
le tour du monde.

7 *(avoir / gagner)* Il _____ de la chance et _____
un prix.

8 *(venir / boire)* Nous _____ en voiture et ne
_____ pas d'alcool.

c Was werden diese Leute machen? Ergänzen Sie die Sätze.
Setzen Sie die Verbformen ins Futur.

recevoir   aller   ranger   jouer   éplucher   faire

1 Elle _____ son bureau.

2 Ils _____ au foot.

3 Elle _____ une pomme.

4 Pour son anniversaire, elle _____ plein de cadeaux.

5 Elle _____ une enquête.

6 Il _____ voir le docteur.

Das *futur simple* und das *futur composé* (*aller* + Infinitiv) sind oft austauschbar, wie Sie in der nächsten Übung feststellen können.

d Ergänzen Sie die jeweils fehlende Form.

futur simple	*futur composé*
1 Il pleuvra, c'est sûr.	Il _____ _____, c'est sûr.
2 Ils _____ le bus.	Ils vont prendre le bus.
3 Nous mangerons des crêpes.	On _____ _____ des crêpes.
4 Je _____ cet exercice.	Je vais finir cet exercice.
5 Tu _____ des problèmes.	Tu vas avoir des problèmes.

In einigen Fällen wird das eine oder andere *futur* bevorzugt.
– Das *futur simple* wird verwendet
  → bei Vorhersagen, Prognosen oder Versprechen:
    Tout ira bien. Es wird alles gut gehen.
  → bei Ge- und Verboten (mit *tu* oder *vous*):
    Tu ne diras rien ! Du wirst nichts sagen!
  → mit dem Verb *espérer*:
    J'espère que tout ira bien. Ich hoffe, dass alles gut wird.
– Das *futur composé* wird bevorzugt
  → für eine unmittelbar bevorstehende Handlung:
    Je vais ouvrir la fenêtre. Ich werde das Fenster öffnen.
  → bei einer Warnung:
    Attention, il va s'énerver ! Vorsicht, er wird sich aufregen.

e Welche Zukunft passt hier besser?

1 Dépêche-toi, on ☐ sera ☐ on va être en retard !
2 ☐ Je t'aimerai ☐ Je vais t'aimer toute ma vie.
3 Il est tard, ☐ je me coucherai ☐ je vais me coucher.
4 Attention, ☐ tu tomberas ☐ tu vas tomber.
5 Promis, ☐ je viendrai ☐ je vais venir te voir.
6 Non, ☐ vous n'irez pas ☐ vous n'allez pas aller à cette fête !
7 J'espère que ☐ vous serez ☐ vous allez être à l'heure.

Lösungen

Leçon 1

1a 1c 2d 3f 4e 5a 6b

1b 1 y va. / on n'y va pas. 2 Oui, j'y ai travaillé. / Non, je n'y ai pas travaillé. 3 Oui, ils y sont allés. / Non, ils n'y sont pas allés. 4 Oui, elle y reste. / Non, elle n'y reste pas. 5 Oui, il y habite. / Non, il n'y habite pas.

1c 1 Oui, on y mange / nous y mangeons. 2 Non, elles n'y sont pas. 3 Non, elle n'y va pas souvent. 4 J'y vais en bus. 5 Oui, il y reste (pendant) des heures. 6 Oui, j'y suis souvent.

2a 2 pour regarder la télé. 3 pour faire le tour de l'île. 4 pour bien accueillir nos clients. 5 pour noter mes rendez-nous perso. 6 pour vivre à la campagne.

3a 2 … est plus petite que la tortue. 3 … est aussi cher qu'un mauvais livre. 4 … est plus fidèle que le chat. 5 … est aussi jolie que ma sœur. 6 … est moins longue que la Loire.

3b 1 … grande que Bordeaux. 2 aussi bon que le chocolat suisse. 3 moins chic que le 16e arrondissement. 4 meilleur que le pain du supermarché. 5 moins vieux que le pont Neuf. 6 aussi difficile que le français.

3c 2 plus grand qu'Armand. 3 aussi riche que Tonio. 4 moins lourd que Tonio. 5 est aussi intelligent que Sacha. 6 moins sportif qu'Armand.

3d AR<u>MOINSDIFFICILE</u>TO <u>PLUSFROID</u>RIU<u>PLUSCHIC</u> WASLOR<u>MOINSBELLE</u> VID<u>AUSSIRONDE</u>TOL <u>PLUSAMOUREUX</u>UIEXU <u>MOINSLONG</u>VO<u>MEILLEUR</u>IG <u>AUSSIINTÉRESSANTE</u>P
1 plus froid 2 meilleur 3 aussi intéressante 4 moins long 5 plus chic 6 moins difficile 7 moins belle 8 plus amoureux 9 aussi ronde

Leçon 2

1a 1 plus originales, les moins originales 2 les plus créatifs, les moins créatifs 3 le plus intéressant, le moins intéressant 4 la plus positive, la moins positive

1b 1 les moins importants 2 les femmes les plus intelligentes 3 l'hôtel le moins cher 4 l'animal le plus lent / le moins rapide 5 le film le plus triste 6 la plus belle fleur 7 la meilleure boisson

1c 1 la plus haute 2 le meilleur 3 la moins chaude 4 le moins long 5 le plus connu 6 les plus petits 7 les moins chères 8 le plus vieux

Lösungen

1d 1 La meilleure élève de la classe s'appelle Jeanne. 2 La Volga est le plus long fleuve d'Europe. 3 L'anglais n'est pas la langue la plus parlée dans le monde. 4 Mon plus beau voyage, c'est quand je vais dans la forêt. 5 Le TGV n'est pas le train le plus rapide du monde. 6 La Loire est le fleuve le plus long de France.

2a 1 nous 2 se 3 vous 4 s' 5 te 6 s' 7 se 8 m', m'

2b 1 vous levez 2 se trouve 3 se préparent 4 nous disputons 5 t'appelles 6 m'intéresse 7 se balade

2c 1 repose pas. 2 Nous ne nous marions pas demain. 3 Tu te couches tard. 4 Il ne s'installe pas chez moi. 5 Je ne m'ennuie pas à l'école. 6 Ils ne se douchent pas à la piscine.

2d 1 Wie heißt du? – Ich heiße Martin. 2 Wann steht ihr / stehen Sie auf? – Wir stehen um 7 Uhr auf. 3 Il s'énerve vite. – Oui et on se dispute / nous nous disputons souvent. 4 Tu te sens / Est-ce que tu te sens bien ici ? – Non, je m'ennuie.

3a 1 ont l'air furieux 2 a (pas) l'air (très) compétent 3 a l'air de rêver 4 ont l'air de bien s'amuser 5 a l'air fatiguée 6 a l'air très content

Leçon 3

1a 2 achetons → achetait 3 buvons → buvions 4 dormons → dormais 5 faisons → faisiez 6 comprenons → comprenait 7 réagissons → réagissaient

1b 2 allais, allaient 2 finissais, finissions 3 aviez, avais 4 voyait, voyais 5 était, étiez 6 sortaient, sortions 7 répondait, répondait

1c 1 habitions, passions, aimais 2 prenais, faisais, allaient 3 était, étais

1d 1 Mes parents étaient plutôt cools. Mon frère et moi, nous nous entendions bien. On jouait souvent ensemble. 2 ... se disputaient beaucoup. Quand je rentrais de l'école, ma mère faisait le ménage. Quand mon père rentrait du travail, il s'installait sur le canapé et mettait la télé. Quand je parlais, on ne m'écoutait pas. Je m'ennuyais chez moi et le dimanche, c'était pire.

2a 1 B 2 K 3 B 4 G/R 5 K 6 G/R

2b 1 adorais 2 avais 3 s'amusaient 4 mangeait 5 se souvenait 6 nous disputions 7 chantais

3a 1 d 2 f 3 h 4 g 5 a 6 c 7 b 8 e

3b 1 depuis 2 le mercredi 3 jamais 4 Chaque été 5 Deux fois par mois 6 toujours 7 De temps en temps Ø ~~un jour~~

Lösungen

4a 1 du 2 de la 3 au, à la 4 aux
5 de la, de l'

4b 1 Ce soir, je participe à la réunion.
2 Je me souviens de la maison
de mon enfance. 4 Il s'occupe de
mes plantes quand je pars en
vacances. 6 Nous attendons
le bus depuis une heure.
7 Je téléphone à mes parents
une fois par mois

Leçon 4

1a 1 endormis 2 est bien amusé
3 sommes couchés et levés 4 est
perdus 5 est bien passée, sont
pas ennuyés 6 sont occupées
7 es disputée 8 suis promené(e)
9 êtes rencontré(e)s

1b 1 se sont reposés 2 nous sommes
baladé(e)s 3 s'est énervés 4 s'est
douché 5 me suis trompée

1c 1 Linda s'est mariée le 15 septembre. 2 Le nouveau participant
ne s'est pas bien intégré au
groupe. 3 Les étudiants se sont
préparés à leur examen final.
4 Elle s'est énervée pour un rien,
s'est excusée ensuite. 5 Très triste,
il s'est séparé de son chien.

1d 1 je me suis réveillé trois fois.
2 Ma rencontre avec les clients
s'est bien passée. 3 Nous nous
sentons bien dans notre nouvelle
maison. 4 Les enfants ne se sont
pas bien entendus.

2a 1 finissions 2 as attendu 3 partait,
est parti 4 avions, avons eu
5 étiez, avez été 6 me reposais,
me suis reposé(e) 7 dormait, a
dormi 8 s'amusait, s'est amusée

2b 1E 2E 3G 4E 5G 6E 7G 8G

2c 1a 2b 3b 4a 5a 6b

2d 2 Nous mangions toujours dans
la cuisine. → toujours 3 Vendredi,
nous sommes allé(e)s au concert.
→ Vendredi 4 J'avais mon cours de
yoga le mardi soir. → le mardi soir
5 Après deux mois de recherche,
elle a retrouvé son mari. →
Après deux mois 6 Tu faisais de
la danse deux fois par semaine.
→ deux fois par semaine

3a 1 en train d'écrire une lettre.
2 sommes en train de jouer aux
billes. 3 J'étais en train de
travailler dans le jardin. 4 Tu
étais en train de faire du sport.
5 Ils sont en train de regarder
la télé.

3b 1 Elle était en train de faire la
cuisine quand j'ai téléphoné.
2 Je suis en train de faire mes
exercices. 3 Nous n'étions pas en
train de travailler quand le chef
est arrivé. 4 Il s'ennuie et il est en
train de s'endormir. 5 Il est en
train de chercher ses clés.

Lösungen

Leçon 5

1a 1c 2e 3h 4g 5f 6a 7d 8b

1b 1 les → mes parents 2 l' → ma collègue 3 les → mes lunettes 4 la → ta robe 5 le → mon dictionnaire 6 l' → le pain

1c 1 l', la 2 les, les 3 le, le 4 l', le 5 la, la

1d 1 ne l'aime pas. 2 on les invite à la fête du 1er mai. 3 Oui, je la mets souvent. 4 je ne l'ai pas. 5 je ne le connais pas.

2a 1 ni ce livre ni ce film. 2 ni la question ni la réponse. 3 ne parle ni français ni anglais. 4 ne connait ni notre voisine ni notre voisin. 5 ne fait ni le ménage ni la cuisine.

2b 1 Je ne dors pas bien. 2 Elles ne prennent ni le bus ni le train. 3 Elle ne comprend pas ta réaction. 4 Nous n'allons ni au cinéma ni au théâtre. 5 Je ne mange pas de poisson. 6 Il n'est ni jeune ni vieux.

Leçon 6

1a 2 Du champagne 3 Des légumes de saison 4 Du sucre 5 Un smartphone 6 Des croissants 7 Du temps libre 8 De la viande

1b 1 elle en a. 2 nous n'en avons pas. / on n'en a pas. 3 il en reste. 4 je n'en ai pas. 5 ils n'en font pas. 6 je n'en bois pas. 7 on en a encore. 8 j'en fais.

1c 1 Je n'en veux pas. 2 Des lunettes ? J'en porte pour regarder la télé(vision). 3 Un appartement ? J'en cherche un depuis un an. 4 Un cadeau ? J'en ai trouvé un. 5 Des idées ? Je n'en ai pas. 6 Des films français ? J'en connais beaucoup.

1d 1 Oui, il en boit beaucoup. 2 Oui, on le prend souvent. 3 Oui, je les fais. 4 Oui, elle en a.

2a 1 consommer moins 2 arriver à l'heure 3 du repos 4 se lever 5 une bonne recette 6 écouter les infos 7 fermer les fenêtres

2b 1d 2e 3f 4b 5a 6c

Leçon 7

1a 1 qui fonctionne mal 2 C'est une jolie ville qui se trouve près de Colmar. 3 On a une cousine qui s'appelle Lisa. 4 Ils attendent un train qui a déjà une heure de retard.

1b 1 que j'aime bien. 2 J'ai acheté un pull que je ne mets jamais. 3 À Pâques, on cache des œufs que les enfants cherchent. 4 Il a beaucoup d'appareils qu'il ne maitrise pas.

1c 1d 2a 3f 4e 5b 6c

1d 1 qu' 2 qui 3 qu' 4 que 5 qui 6 qui 7 que

Lösungen

1e 1 qui 2 qu' → d 3 qui → g 4 qu' → b
5 qui → h 6 qu' → a 7 qui → e
8 que → f

1f 1 J'aime la chanson de Patrick
Fiori « Les gens qu'on aime ». 2 Le
GR10 est le chemin de randonnés
qui traverse les Pyrénées. 3 L'ile
qui s'appelle aussi *ile de Beauté*,
c'est la Corse. 4 La petite girafe
que tous les enfants aiment,
s'appelle Sophie.

1g 1 qui → b 2 qu' → a 3 que → b
4 qui → c 5 qui → b 6 qu' → c
7 qui → a 8 qu' → c 9 qui → b

2a 1 lui 2 m' 3 leur 4 nous 5 lui 6 te

2b 2g → lui 3i → leur 4c → m'
5a → vous 6d → nous 7h → te
8f → lui 9b → me

2c 1 ... voisine me prête souvent sa
tondeuse. 2 Tina nous parle
toujours de ses enfants. 3 Ces
deux chiens leur coutent trop de
temps et d'argent. 4 Ton nouveau
manteau te va très bien. 5 J'ai vu
Maxi mais je ne lui ai pas parlé.

2d 1 lui 2 les 3 la, lui 4 lui 5 le, l' 6 l'
7 leur

Leçon 8

1a 1 -ais, -ait 2 -aient 3 -ais, -iez
4 -ions, -ait 5 -ait, -ait

1b 1 serait 2 pourriez 3 iraient
4 aurais 5 voudrais 6 ferions

1c 1 ~~rencontrais~~ → rencontrerais
2 préparait → préparerait
3 rions → ririons 4 montrait →
montrerait

1d 1 Nous devrions travailler plus.
2 Je voudrais une nouvelle
voiture. 3 On pourrait t'offrir un
beau cadeau. 4 Tu serais prêt à
l'heure. 5 Vous auriez de la
chance. 6 ils arriveraient les
premiers.

1e **présent** → j'ai, je suis, je ne
veux pas, j'aime **imparfait** →
j'imaginais, il était, je vivais,
je rêvais **conditionnel**
présent → j'aurais, j'achèterais,
je ferais, je pourrais, j'aimerais

2a 1 C'est un café où nous allons
souvent. 2 Clermont-Ferrand est
une ville où il n'y a pas de rivière.
3 1989 est l'année où le mur de
Berlin est tombé. 4 La maison
où j'ai grandi n'existe plus.
5 L'Espagne est le pays où nous
passons nos vacances. 6 Mes
voisins ont sonné au moment
où j'allais m'endormir.

2b 1 qui 2 où 3 qui, qu' 4 qui
5 qui, qu' 6 où 7 que 8 où, où

3a 1 toutes 2 tout 3 tous 4 tout
5 toute 6 tous 7 toute 8 toutes

3b 1 tous les 2 toute la 3 tout l'
4 toute la 5 toutes les 6 tout le
7 toutes les 8 tous les

3c 1 ~~toute~~ → tout mon weekend
2 ~~tout~~ → toute mon énergie
3 ~~tous~~ → toutes les étagères
4 ~~tout~~ → tous mes livres
5 ~~tout~~ → tous les vieux journaux
6 ~~tous~~ → toutes les plantes

3d 1 Toute l'école est fermée, tous les élèves sont absents. 2 Le guide touristique a changé tout son programme. 3 Nous avons visité toutes les églises et tous les musées. 4 La nuit, tous les chats sont gris. 5 Nous pouvons livrer dans toute la France.

3e 1g 2e 3a 4f 5h 6d 7b

Leçon 9

1a 1f 2h 3e 4i 5g 6c 7d 8b 9a

1b 2 Rien ne me plait. 3 Je n'aime ni les chien ni les chats. 4 Je ne connais personne ici. 5 Tu ne sais rien. 6 Il ne dort plus.

1c 1 n'… pas – ne… rien – ne… jamais – ni… ni… – rien ne
2 n'… rien – personne n'… – n'… plus – ne… jamais

1d 1 ville, il n'y a ni théâtre ni cinéma / il n'y a ni cinéma ni théâtre.
2 Je ne vais jamais à la piscine.
3 Loïc ne veut plus habiter chez ses parents. 4 Personne ne connait la réponse à cette question. 5 On cherche un appartement mais on ne trouve rien.

2a à → réussir, envoyer, réfléchir
de → se souvenir, avoir envie, choisir, essayer

2b 1d 2a 3e 4f 5b 6c

3a 1 aimerais, irait, partirions
2 prendrais, serais 3 déciderais, pourrions, ferait 4 aurions, finirait

3b 1W 2R 3B 4W 5B 6R

3c 1 Vous devriez travailler plus.
2 Tu t'ennuierais moins. 3 Nous aurions de la chance. 4 On pourrait trouver du travail.
5 Ils seraient furieux. 6 Elle oublierait tout. 7 J'irais mieux.

3d 1f 2d 3g 4h 5a 6e 7b 8c

3e F → D 1 … wäre … 2 Ich würde mich mit ihm langweilen.
3 Du würdest besser schlafen.
4 Ich würde zum Arzt gehen.
5 Wir hätten / Man hätte mehr Zeit. F → D 1 Tu devrais répondre.
2 Ce serait génial. 3 Je viendrais à cette réunion. 4 Nous nous ferions vacciner. 5 Il ferait tout pour elle.

Leçon 10

1a 1 lequel → la Norvège 2 lesquelles → la Corse, la Réunion, Mayotte
3 Laquelle → la gare du Midi
4 Lesquels → histoire, chambre
5 Lesquels → le renard, le mouton
6 laquelle → Lyon 7 Lesquelles → le vert, le bleu

Lösungen

1b 1 De vous deux, lequel a commencé à s'énerver ? 2 Tu veux un vélo, mais lequel ? 3 De ces deux vestes, laquelle est plus chic ? 4 Lesquels de vos enfants sont mariés ?

2a **Regelmäßigkeit** → une fois par mois, souvent, le vendredi, jamais, d'habitude
Neues Ereignis → hier matin, tout à coup, vendredi, un jour, cet après-midi

2b 1 souvent 2 pendant 3 Samedi 4 tous les jours 5 cette nuit 6 Cette fois 7 le weekend

2c 1 as fait, es sortie, étais, me suis installée 2 avons pris, avez dormi, était, s'arrêtait, râlaient, n'ai pas fermé

2d 2 … mais elle en avait déjà. 3 Il n'a pas réagi. 5 J'étais étudiant…

Leçon 11

1a ICT<u>OUTES</u>ERM<u>ÊME</u>LTIF<u>AUTRE</u>T OOM<u>ÊMES</u>BIOTVI<u>QUELQUES</u>OR
1 mêmes 2 Quelques 3 toutes 4 même 5 autre

1b 1 toute la nuit 2 quelques poules 3 un autre train 4 chaque matin 5 la même idée 6 plusieurs voitures

1c **F → D** 1 Wir haben den gleichen Vornamen. 2 Wir haben kein einziges Foto gemacht. 3 Ich habe noch einige Fragen. 4 Du solltest einen anderen Zug nehmen.
D → F 1 Anna et moi, nous habitons dans la même rue. 2 J'ai lu ce livre plusieurs fois. 3 J'ai fait tous les exercices. 4 Grève : Aucun train ne circule / roule. 5 Chaque jour, je dois prendre un autre train.

1d 1f 2d 3g 4a 5c 6b 7h 8e

2a 1d 2a 3f 4c 5b 6e

2b 1 que 2 où 3 qui 4 où 5 que 6 qu' 7 qui 8 où 9 qui 10 qui, où, que

2c 1 qui → le Petit Prince 2 qu' → la rose 3 où → la terre 4 qu' → le renard 5 où → le désert 6 qu' → le mouton 7 où → l'astéroïde B612 8 qui → Saint-Exupéry

2d 1 Le texte qu'il lit à voix haute / haute voix est très beau. 2 C'est une forêt où je me promène souvent. 3 Ce coq qui chante toute la journée est insupportable. 4 La femme que j'aime ne m'aime pas. 5 J'ai des voisins qui sont un peu bizarres. 6 C'est l'été où il a plu presque tous les jours. 7 Il s'agit d'un mot que je ne comprends pas.

Leçon 12

1a 1c 2e 3f 4g 5a 6b 7d

1b 1 Je sais faire cet exercice. Et toi ?
2 Nous ne pouvons pas venir
demain. 3 Elle n'a pas le permis
(de conduire) mais elle sait
conduire. 4 Ma fille a quatre ans
et sait déjà lire.

2a partirons – prendrons –
habiterez – se passera – verra –
viendra – feras – vivra – verra

2b 1 brillera 2 mettrai 3 apprendront
4 prendra 5 arriveront 6 seras,
feras 7 aura, gagnera 8 viendrons,
boirons

2c 1 rangera 2 joueront, sera
3 épluchera 4 recevra 5 fera 6 ira

2d 1 va pleuvoir 2 prendront 3 va
manger 4 finirai 5 auras

2e 1 on va être 2 Je t'aimerai 3 je vais
me coucher 4 tu vas tomber 5 je
viendrai 6 vous n'irez pas 7 vous
serez

Notes